A TRAVERS

VINGT-CINQ ANNÉES

DE

BIBLIOPHILIE LYONNAISE

A TRAVERS

VINGT-CINQ ANNÉES

DE

BIBLIOPHILIE LYONNAISE

Conférence faite
par
M. LÉON GALLE
à la Société des Bibliophiles lyonnais
le 21 Avril 1910

A LYON

IMPRIMÉ POUR LES SOCIÉTAIRES

M D CCCC X

La Société des Bibliophiles lyonnais a célébré le vingt-.cinquième anniversaire de sa fondation dans une réunion tenue, le 21 avril 1910, chez M. Léon Galle, président.

A l'issue de cette séance, un banquet intime a réuni les membres présents : Messieurs le marquis d'Albon, Baudrier, Berthin, Beyssac, de Boissieu, Brosset-Heckel, Cambefort, de Clavière, Flachaire de Roustan, Galle, de Juigné, Poidebard, Rosset, de Terrebasse.

S'étaient fait excuser : Messieurs Breghot du Lut, marquis de Chaponay, de Longevialle, Morel de Voleine, Perret, de Saint-Victor.

A TRAVERS

VINGT-CINQ ANNÉES

DE

BIBLIOPHILIE LYONNAISE

Messieurs,

PAR le monument iconographique et généalogique (l'*Armorial*) que vous avez élevé à la mémoire des bibliophiles lyonnais, nos prédécesseurs, on a vu que de tout temps le culte des livres a été en honneur dans la cité lyonnaise.

Pour né rappeler que les plus célèbres parmi les adeptes de ce culte paisible, on trouve dès le seizième siècle, Grolier, Etienne Charpin, Benoît Court, Louise Labé, dont le cabinet, au rapport de du Verdier, « estoit copieusement garni de bons livres, latins et vulgaires, italiens et espagnols ». Au dix-septième, ce sont : Camille de Neufville, dont la Bibliothèque de Lyon possède encore de beaux in-folios de maroquin incarnat, à ses armes, Claude de Bellièvre, Horace Cardon, de Pures, le médecin Henri Gras;

au dix-huitième siècle, Pianelli de la Valette, Claret de la Tourrette, Souchay, de Ponsaimpierre, Peysson de Bacot, le cardinal de Tencin, l'archevêque de Châteauneuf de Rochebonne.

La pléiade est plus brillante encore au dix-neuvième siècle avec Coulon, Coste, Cailhava, Yéméniz, de Chaponay, La Roche la Carelle, Desq, Baudrier. On peut citer encore Joseph Renard, bien qu'il ne fut pas un puriste. La vente de ses livres rares et curieux qui eut lieu à Paris, en mars 1881, fut un désastre ; quelques volumes maquillés portèrent préjudice aux autres et disqualifièrent l'ensemble de la collection. M. Renard, qui s'était bercé du fol espoir de voir se renouveler en sa faveur les prix sensationnels de la vente Yéméniz, fut si fâcheusement impressionné de cette déconvenue qu'il en mourut l'année suivante. Il possédait, outre ses livres de curiosité, une importante et fort intéressante collection lyonnaise qui fut dispersée à Lyon, en mars-avril 1884. C'est une des dernières ventes locales où les enchères ont été vraiment animées et fructueuses.

L'une d'elles fut particulièrement remarquée et discutée. Elle portait sur un mince recueil de deux brochures de Vital de Valous : *Les Origines des familles consulaires ; Essai d'un nobiliaire lyonnais*, et atteignit la somme de 181 francs. La vente Renard avait été suivie par de nombreux curieux et collectionneurs ; voici quelques noms qui me reviennent à la mémoire : MM. Bresson, Guigou, Dissard, abbé Conil, J.-J. Grisard, Faidy, Frécon, Nouvellet, les docteurs Humbert et Daniel Mollière, Dugas de la Catonnière, Chardenet, Melville Glover, Villard, William Poidebard. Des relations cordiales se nouèrent entre quelques-uns de ces amateurs, qu'une similitude de goûts et d'éducation avait réunis en un groupe sympathique. Ils devaient former le premier noyau de la Société des Bibliophiles lyonnais. Parmi ce petit cénacle se trouvait celui qui fut pendant vingt-et-un ans, votre trésorier-archiviste, votre factotum, en un mot votre maître Jacques et qui, aujourd'hui, à l'honneur de vous présider.

Il avait été frappé du prix excessif de certaines petites plaquettes, (les *Familles Consulaires* entre autres) et il émit l'idée, qui de suite trouva un écho favorable, que l'on pourrait se réunir entre amis, faire en commun les frais de réimpression de ces petites curiosités et se partager ensuite les exemplaires.

Le grain était semé, il fallait le laisser germer et mûrir. L'été se passe, l'automne et l'hiver aussi, mais le printemps suivant vit sa première floraison. Le promoteur de la future Société n'était armé que de sa bonne volonté, d'une juvénile ardeur et du feu sacré du « bouquin ». Il se rendait parfaitement compte qu'il pouvait peu par lui-même et que le groupement, objet de ses rêves, exigeait un autre parrainage que le sien. Sur les conseils de quelques amis, il résolut de soumettre son projet à M. de Terrebasse.

Les vingt-cinq années qui le séparent de cette première entrevue ne lui ont point fait oublier la bienveillance, la cordialité et la franchise de cet aimable accueil. Le projet fut approuvé et encouragé tant et si bien, que le 27 mars 1885, une réunion préparatoire où furent discutées les bases de la nouvelle société, avait lieu, chez l'heureux organisateur, rue de la République, 22 ; MM. de Terrebasse, Bresson, Dissard, et Humbert Mollière y assistaient.

Le 21 avril suivant, dans une seconde réunion à laquelle prenaient part : MM. de Terrebasse, Morin-Pons, Nouvellet, Baudrier, abbé Conil, Dissard et Galle, la Société des Bibliophiles lyonnais était fondée, avec M. de Terrebasse comme président, abbé Conil, secrétaire, Galle, trésorier-archiviste. M. de Terrebasse fut chargé de rédiger les statuts. Le 15 mai, chez M. Bresson, les statuts étaient approuvés par les douze membres fondateurs : MM. Baudrier, Bresson, de Cazenove, de Charpin-Feugerolles, Conil, Dissard, Galle, Morel de Voleine, Morin-Pons, Mollière, Nouvellet, de Terrebasse. Dans cette même séance, furent élus : MM. Berthin, Breghot du Lut et Guigou, et le 17 novembre de la même année, MM. Maurice de Boissieu et William Poidebard prenaient place parmi nous.

Dès nos premières séances on agita naturellement la question des publications. Par une singulière bizarrerie, on ne s'arrêta pas aux *Origines des familles Consulaires* qui avaient été pourtant le point initial du mouvement.

On proposa le *Cérémonial de la Ville de Lyon*, dont nos bibliothèques et archives possèdent plusieurs copies et la réimpression d'un très rare petit volume gothique du fonds Coste, *La Merveilleuse histoire de lesperit de Lyon.*

Le 3 avril 1886, après la lecture d'un rapport favorable, cette publication était adoptée. Le trésorier-archiviste soumit aux sociétaires l'exemplaire du fonds Coste. L'administration des Bibliothèques se montrait, à cette époque, plus soucieuse qu'aujourd'hui des intérêts des travailleurs en accordant libéralement le prêt des livres à des personnes honorablement connues. Le précieux petit volume nous fut confié pour plusieurs mois et on décida que le trésorier-archiviste, afin de prévoir tout accident, le porterait lui-même à Paris, aux fins de la reproduction. Les procédés phototypiques étaient alors très peu répandus; seule, la maison Fernique, à Paris, offrait les garanties d'une bonne exécution.

Le travail fut, en effet, parfaitement réussi; il serait présentement beaucoup moins coûteux, mais certainement pas mieux exécuté.

Le tirage, sur les presses de Mougin-Rusand, des 112 clichés, chaque page formant un cliché, eut lieu dans le cours de l'hiver et le petit livre, [1] tout de blanc habillé, enrubanné de vert, fut distribué dans la séance du 11 mars 1887, chez M. de Terrebasse.

Je résumerai en deux mots cette « merveilleuse histoire » : Au monastère de Saint-Pierre, dont les mœurs étaient assez relachées, les importantes fonctions de sacristine étaient

---

1 *La merveilleufe hyftoire de lefperit qui depuis naguères ceft apparu au monaftère des religieufes de fainct Pierre de Lyô. Laquelle eft plaine de grant admiration comme lon pourra veoir par la lecture de ce préfent liure.* In-4° goth. de 56 f. Réimpression fac-similé de l'édition imprimée « à Paris en la rue Sainct-Jacques à lenseigne du Château rouge, près les Mathurins..... le xve iour doctobre, lan mil cinq cent xxviii ».

remplies, vers 1525, par une jeune et jolie religieuse, sœur Alix de Thésieux. La voix du monde, l'attrait du plaisir l'emportèrent sur une vocation chancelante. Elle s'enfuit du cloître, s'adonna à une vie de dissipation qu'interrompit brusquement une mort prématurée. Elle avait pu néanmoins mettre sa conscience en ordre, manifester un repentir sincère, demandant avec instance à être enterrée auprès de ses compagnes, dans le cimetière du couvent. C'est à partir de ce moment qu'une autre religieuse de Saint-Pierre, Antoinette de Grolée, « gentile femme nastive de Daulphiné » fut obsédée par des apparitions de la pécheresse convertie. L'esprit, particulièrement tapageur, troubla à tel point la tranquilité du saint lieu, que Barthélemy Portalenqui, suffragant de l'archevêque de Lyon, vint exorciser la malheureuse Antoinette. Les réponses de l'esprit furent si explicites que le chapitre consentit à ce que les restes mortels d'Alix de Thézieux soient transportés au couvent et inhumés selon les rites. Et depuis, l'âme en peine apaisée ne revint plus.

La relation de cette histoire est due à Adrien de Montalembert, aumônier de François Ier, qui assista le suffragant dans ses conjurations.

La *Revue du Lyonnais*[2] donna une intéressante étude de M. Steyert sur notre première publication. Le savant critique

---

2 *Revue du Lyonnais*, 5e série, t. 3. Il a été fait de cet article un tirage à part, du même format que le volume décrit, sous le titre : *La Merveilleuse histoire de l'Esprit qui est apparu aux religieuses de Saint-Pierre, à Lyon, en l'année 1527*. Etude historique et bibliographique, par A. Steyert, Lyon, 1887, petit in-4° de 24 pp.

fait une minutieuse description de l'original et de ses curieuses figures sur bois, et abordant le sujet même de l'apparition de l'esprit, il élude très adroitement l'explication du fait présenté comme surnaturel, mais il ne met pas en doute la sincérité d'Antoinette de Grolée, la jeune voyante. — Et alors ?

M. Steyert a malheureusement négligé le côté historique. Alix de Thésieux et Antoinette de Grolée appartenaient à des familles connues, il eut été intéressant de les identifier. De plus, on trouverait vraisemblablement dans le fonds de Saint Pierre, aux archives départementales, dans les manuscrits de Moydieu et de Marguerite Bugnet quelques éclaircissements sur cette mélodramatique aventure.

Dans la réunion du 13 mai suivant différents projets de publications furent examinés, notamment les Mémoires attribués à Nicolas Séverat[3], présentés par M. Joseph Nouvellet et les manuscrits de Deville[4] de la Bibliothèque d'Aix. Une commission nommée pour étudier ces proposi-

---

3 *Mémoire historique de la vie d'un fantassin de vingt-cinq ans de service sans aucune discontinuation et les noms des 120 capitaines avec lesquels il a servi au Régiment de Lionnois*..... s. l. 1711, in-12. Petit volume très rare dont on connaît quelques exemplaires seulement ; un à la Bibl. Nat. ; un dans la bibliothèque de M. Gabriel Cottreau, à Paris ; un autre chez Mme Nouvellet, château de Vernange, à Saint-André-de-Corcy (Ain).

4 Vital Deville, prêtre, docteur de Sorbonne, sacristain et custode, de Saint-Etienne, à Lyon, né en 1716, mort en 1764, a laissé de nombreux travaux manuscrits, relatifs à l'histoire ecclésiastique de Lyon, conservés dans la bibliothèque d'Aix-en-Provence. On trouve la description de ces manuscrits dans les *Etudes sur les historiens du Lyonnais.* par F. Z. Collombet, Lyon, 1836-44, 2 vol. in-8.

tions, déposa plus tard un rapport démontrant certaines difficultés pour ces publications. Elles ne furent pourtant pas abandonnées, mais ajournées.

En 1888, la Société met à l'étude trois publications, savoir : Réimpression de l'*Ode de l'antiquité et excellence de la ville de Lyon*, par Charles Fontaine, avec notes par William Poidebard; *Les Récits de Messire Millet,* colligés par Ferdinand Frécon; et la *Citadelle lyonnoise*, poème inédit du XVIᵉ siècle, publié par Ferdinand Villepelet, archiviste de la Dordogne.

Ces trois publications, sur un rapport du trésorier-archiviste, sont adoptées.

Les Récits de Messire Millet[5] furent distribués le 8 mars 1889, dans une réunion chez M. Baudrier. Ce jour-là, il est décidé qu'un exemplaire de la *Merveilleuse hystoire* sera offert en hommage au duc d'Aumale.

Au cours de la réunion qui eut lieu le 10 janvier 1890, chez le Docteur Mollière, l'*Ode de l'antiquité et excellence de la Ville de Lyon*[6] est mise en distribution : on entendit le récit d'une visite à Chantilly, faite par M. Galle, le 18 septembre 1889. Depuis la date de la séance dans laquelle il avait été dit qu'un exemplaire de la *Merveilleuse hystoire* serait offert au duc d'Aumale, le prince exilé en Angleterre,

---

5 *Récits de mission Millet, curé de N.-D. de La Platière, (1629-1651),* publiés et annotés par Ferdinand Frécon, Lyon, 1888, pet. in-8.

6 *Ode de l'antiquité et excellence de la ville de Lyon*, composée par Charles Fontaine, Parisien ; annotée par William Poidebard, Lyonnais. Lyon, 1889, pet. in-8.

avait été rappelé en France par un décret d'amnistie. Votre trésorier, comme bien d'autres, étant allé visiter l'Exposition universelle de Paris, profita de cette occasion pour solliciter une audience du duc d'Aumale, qui lui fut gracieusement accordée. Il eut l'honneur d'être reçu à Chantilly, et de remettre au prince, en mains propres, au nom de la Compagnie, le petit volume en question. Je ne reviendrai pas sur cette visite, qui vous a été narrée dans ses détails. Je rappellerai seulement que c'est au cours de cette entrevue que votre mandataire fit la connaissance de M. Émile Picot, et qu'il apprit de ce savant bibliographe l'existence dans la bibliothèque de Wolfenbüttel, du manuscrit de l'Entrée de François Ier à Lyon ; il apprit encore que le seul exemplaire connu de la deuxième partie des *Mémoires de Séverat* était dans la bibliothèque du duc d'Aumale[7].

Le 28 mars suivant on entendit un rapport de M. Dissard sur la liste des chanoines comtes de Lyon, dressée par Barbier de Lescoët, dont le château de Terrebasse possède une copie faite sur l'exemplaire de M. Boué, ancien curé d'Ainay. D'après les conclusions du rapport, cette liste incomplète, fautive, exigerait un travail considérable pour être mise au point. M. de Terrebasse ne croit pas que les difficultés soient insurmontables ; il fait remarquer que

7 *Suite du mémoire historique de la vie du fantassin de vingt-cinq ans de service.* S. l. n. d., in-12. Cet exemplaire provient de la bibliothèque de M. Bergeret, de Lyon. 3me partie du catalogue, n° 2912, vente à Paris, en 1859, Téchener, expert.

M. Coste possédait les deux parties de ce *Mémoire*, n° 15476 du catalogue lyonnais ; elles ont disparu depuis longtemps.

cette liste, quoique imparfaite, est la meilleure qui nous soit parvenue. Il propose de simplifier, et de se partager la besogne. On ne prend néanmoins aucune décision.

La Citadelle lyonnoise[8] parut à la fin de cette même année.

En 1891, M. de Charpin-Feugerolles est nommé président. On revient sur les *Mémoires de Séverat* qui, depuis, furent l'objet de nombreuses discussions. Elles ne sont pas encore clauses aujourd'hui.

M. de Charpin offre à la Société la copie du *Cartulaire des fiefs de l'Eglise de Lyon*, faite par M. Guigue, père. L'assemblée accepte avec reconnaissance ce généreux présent et décide l'impression de cet ouvrage sous la direction de M. Georges Guigue.

Il parut deux ans après, en avril 1893.[9] A cette époque, on proposa les généalogies des familles consulaires, d'après les notes de MM. d'Avaize et Poidebard. Ce projet avait l'assentiment des membres assistant à la séance du 21 avril ; depuis il n'en a plus été parlé.

L'année 1894, doit être marquée d'un signe de deuil. Pour la première fois, la terrible faucheuse faisait son apparition parmi nous, enlevant nos deux doyens, MM. Morel de Voleine et de Charpin. Unis dans la vie par une longue

8 *La Citadelle lyonnoise*, par Jean-Aimé de Chavigny, poème inédit du xvie siècle, publié et annoté par Ferdinand Villepelet, archiviste du département de la Dordogne. Lyon, 1890, pet. in-8.

9 *Cartulaire des fiefs de l'Eglise de Lyon (1173-1521)*, publié par Georges Guigue, ancien élève de l'Ecole de Chartres. Lyon, 1893, in-4° orné de sceaux, monnaies, seings, etc.

amitié, ils furent également unis dans la mort, qui les prit
à quinze jours d'intervalle. M. Morel de Voleine a été spiri-
tuellement portraituré par M. Terrebasse[10], qui a fait revivre,
dans son cadre, cette physionomie lyonnaise si caractéris-
tique.

M. de Charpin,[11] lyonnais de naissance, ne séjourna
dans notre ville que les vingt dernières années de sa vie.
La politique lui ayant fait des loisirs, il les occupa fructueu-
sement et généreusement pour le plus grand profit de notre
histoire locale.

Vous connaissez ces belles publications de cartulaires ;
ceux d'Ainay et de l'Ile-Barbe sont particulièrement précieux pour notre région. M. de Charpin passait à Lyon cinq
mois chaque hiver, installé à l'ancien hôtel Bellecour. Il
occupait une grande chambre, au deuxième étage sur la
place. Au rez-de-chaussée, habitaient M. Valentin-Smith et
Félicie, sa fidèle gouvernante ; à deux pas, dans la rue de la
Charité, se trouvait le logis de Steyert. Mais Steyert était bien
plus souvent sur le trottoir que chez lui. Ce trio d'érudits
se réunissait chaque soir chez M. Smith. Quelques intimes
venaient les rejoindre : le docteur Teissier, père, le baron de
la Chance, de jeunes travailleurs, toujours aimablement
accueillis, ne craignant point la société de ces hommes

10 *Morel de Voleine, sa vie et ses œuvres*, par H. de Terrebasse.
Lyon, 1894, petit in-4°, portrait, *ex-libris* et armoiries de M. Morel
de Voleine.

11. *Le comte de Charpin-Feugerolles, sa vie et ses œuvres*, par
A. Vachez. Lyon, 1898, pet. in-4°, 2 portraits, 2 *ex-libris* et armoiries
de M. de Charpin-Feugerolles.

d'âge, qui possédaient à un haut degré l'art de causer. Ces réunions étaient parfois très mouvementées par les algarades socialistes de Steyert. Un jour il manifesta le regret que l'on n'eut pas fait flamber la banque de France pendant la Commune. Ses vieux amis ne se formalisaient pas de ces boutades, mais le baron de la Chance en éprouva un tel saisissement qu'il fut plusieurs semaines sans revenir. Les dernières années de l'hôtel Bellecour, grâce à ses hôtes, devinrent une pépinière d'anecdotes fort divertissantes où figurent successivement Félicie, Steyert, M. Bron, le propriétaire, des gens du personnel que je ne veux pas préciser autrement et aussi de jeunes bibliophiles, sur lesquels, je glisserai de même, non sans regret, tant il est bon de se rappeler que l'on a été jeune !

M. de Charpin, notre vénérable collègue, était d'une rare bonté et tous ceux qui l'ont approché gardent de cette bonté, un souvenir qui ne s'effacera jamais.

Dans la séance du 23 février 1894, M. Morin-Pons prit la présidence. Sur un rapport présenté par votre trésorier, relatif au manuscrit de Wolfenbüttel, la publication de l'*Entrée de François I*er est décidée. On revient à Séverat : M. Baudrier expose que M. Picot ayant parcouru à Chantilly le fameux petit volume a émis une opinion plutôt défavorable pour sa réimpression.

Il est certain que la *Suite du mémoire* est de mince importance comme document d'histoire générale, mais pour l'histoire locale, elle n'est point tout à fait dénuée d'intérêt. En 1907, notre collègue, M. Cambefort, a visité

Chantilly. M. Macon lui a obligeamment communiqué le petit livre, qu'il a pu étudier rapidement et dont il a pris quelques extraits. Dans la première partie de son *Mémoire*, Nicolas Séverat, issu d'une famille lyonnaise bien connue, raconte ses campagnes au régiment de Lyonnais de 1649 à 1675. Dans la seconde partie, il relate son séjour au château de Pierre-Scize, dont il a été gouverneur de 1675 à 1698. M. Cambefort, estime que par les détails curieux et amusants qu'elle renferme, elle ne serait point indigne d'être remise au jour.

Des pourparlers pour obtenir l'envoi à Lyon du manuscrit de Wolfenbüttel commencèrent en 1894, se poursuivirent en 1895 et n'aboutirent que grâce à un voyage que fit en Allemagne, pendant l'été de 1895, notre collègue M. Brölemann. Il se détourna de sa route pour aller à Wolfenbüttel et il obtint du docteur von Heinemann, conservateur de la Bibliothèque ducale, l'envoi du précieux manuscrit à la Bibliothèque de Lyon. Il y fut déposé du 1er mai au 15 juin 1896. Nos collègues, prévenus de son arrivée, eurent tout le loisir de l'admirer; un spécialiste de la maison Dujardin, appelé de Paris, procéda à la photographie des miniatures.

En 1895, nous avons perdu l'abbé Conil[12], enlevé à 44 ans, par une fièvre typhoïde. Collègue aimable, plein de gaieté et d'entrain, esprit fin et délié; il a laissé des poésies, des récits de voyages et des études sur la musique.

12 Voir plus loin : *Notices biographiques.*

Les *Notes héraldiques et généalogiques de*[13] M. William Poidebard avaient paru le 8 janvier 1897.

Les années 1898 et 1899 furent employées à la préparation de l'*Entrée de François I*er et de l'*Histoire du Beaujolais*. En attendant, et comme fiche de consolation aux sociétaires, le bureau proposa la publication de l'*Inventaire du trésor de Saint-Nizier*. 1365-1373[14] colligé par M. Guigue.

Ce projet adopté, le volume fut distribué le 12 mai 1899.

Pendant les années 1897 et 1898 nous perdîmes MM. Mathevon[15], Guigou[16] et Humbert, Mollière[17]. Ils ont été, chacun, pendant une belle carrière, l'honneur de leur corporation : M. Mathevon, du barreau ; M. Guigou de la fabrique lyonnaise et M. Mollière, du corps médical. M. Mathevon retenu l'hiver dans le midi, prit peu de part à nos réunions ; M. Guigou y était fort assidu.

Le Docteur Mollière était parmi les amis de la première heure et, pour plusieurs d'entre nous, sa perte se fît cruellement sentir.

---

13 *Notes héraldiques et généalogiques concernant les pays de Lyonnais, Forez et Beaujolais*, recueillies et publiées par W. Poidebard. Lyon, 1895, in-4°, 500 blasons dans le texte.

14 *Inventaire du trésor de Saint-Nizier de Lyon, (1365-1373) ; Listes des sépultures de la paroisse (1346-1348)*. Documents inédits publiés d'après les textes originaux, par Georges Guigue. Lyon, 1899, in-8.

15 Voir plus loin : *Notices biographiques*.

16   Id.

17 *Le docteur Humbert Mollière, sa vie et ses œuvres*, par H. de Terrebasse. Lyon, 1899, pet. in-4°.

L'*Entrée de François I*er parut le 20 janvier 1900[18]. Vous n'ignorez pas, Messieurs, combien ce livre fut apprécié.

La critique parisienne, généralement fort méprisante pour tout ce qui n'a pas d'accointance avec le boulevard, a bien voulu convenir que c'était un des plus beaux ouvrages imprimés pendant ces dernières années.

Dans la séance du 9 mars, M. Morin-Pons cède la présidence à M. de Boissieu. Cette même année, la société prend part à l'exposition universelle de Paris, dans le groupe des sociétés savantes de Lyon, sous le patronage de la Chambre de Commerce. Ses publications furent affectées au groupe I, classe 3, Enseignement supérieur, Institutions scientifiques. Elle obtint une médaille d'argent, récompense qui la classait au même rang que la Société des Amis de l'université de Lyon, la Société d'Économie politique et la *Diana*, de Montbrison. Cela était, certes, fort honorable ; pourtant elle méritait mieux. Sans prétendre faire une apologie *pro domo nostra*, je crois qu'une simple statistique démontre que les publications produites par la société des Bibliophiles lyonnais sont plus importantes que celles des autres Sociétés savantes de Lyon réunies. Il y a eu, outre une large contribution pécuniaire, un immense effort accompli, dont on peut voir le résultat par la liste de nos publications.

18 *L'Entrée de François I*er, *roy de France, en la cité de Lyon, le 12 juillet 1515,* publiée pour la première fois d'après le manuscrit de la bibliothèque ducale de Wolfenbüttel, par Georges Guigue, archiviste en chef du département du Rhône. Lyon, 1899, pet. in-f°, orné de bandeaux et de culs-de-lampe dessinés spécialement pour cet ouvrage et de 14 héliogravures, reproductions des miniatures du manuscrit original.

L'avenir appréciera, quant à moi, j'ai pleine confiance dans le jugement de la postérité sur l'œuvre que nous lui laisserons.

Le programme primitif de notre groupement a été singulièrement élargi. Il faut le dire, une fois pour toutes, les Bibliophiles lyonnais ont été plus que des curieux et des dilettantes; ils ont fait acte de Mécènes en offrant au public lettré et studieux des ouvrages d'art et d'érudition qui n'auraient jamais été publiés dans notre ville sans leur généreux désintéressement.

En 1900, nous avons perdu M. de Jerphanion[19]. Son ami, M. de Boissieu, vous a rappelé, en des pages éloquentes, ce que fut cet homme de bien, ardent patriote, administrateur judicieux, aimé de tous pour ses aimables vertus familiales.

A la fin de cette même année, commencèrent les travaux pour la publication de l'*Armorial* qui devaient se poursuivre pendant plus de six ans.

Cet ouvrage avait été entrepris sur la proposition de M. William Poidebard, qui s'adjoignit M. Baudrier comme collaborateur. A la mort de notre collègue, arrivée en 1902, M. Baudrier, abandonnant ses travaux personnels, voulut bien assumer la lourde tâche de terminer l'œuvre inachevée. Au cours de ses recherches de nouveaux documents surgirent, l'ouvrage prit une importance bien plus considérable que ne l'avait prévue M. Poidebard; de là cette longue gesta-

19 *Notices biographiques* : *l'abbé Conil. — Octave Mathevon. — Camille Guigou. — Frank de Jerphanion.* Lyon, 1904, pet. in-4°,

tion. M. William Poidebard,[20] d'une santé chancelante depuis plusieurs années, nous fut enlevé, comme il a été dit plus haut en 1902. Nous avons tous admiré sa patience et sa sérénité ; il était d'une bienveillance parfaite et surtout si indulgent ! Jamais ses amis ne lui ont entendu formuler un jugement défavorable sur qui que ce fût. De longues séances d'archives lui avaient fourni de nombreux documents sur les anciennes familles de la région ; c'était, en outre, un héraldiste distingué.

Entre temps, avait paru l'*Histoire du Beaujolais*[21] de Pierre Louvet, imprimée aux frais de son éditeur, mais publiée sous le patronage de la Société ; ces deux volumes furent distribués aux sociétaires en 1903. L'année suivante, comme hors-d'œuvre, en attendant le mets de résistance qui devait être l'*Armorial*[22], nous fîmes paraître un petit livret l'*Institution des Recteurs de l'Hôtel-Dieu en 1583*,[23]

20 *William Poidebard, sa vie et ses travaux*, par Maurice de Boissieu. Lyon, 1903, pet. in-4°, 2 pl. hors texte, portrait et *ex-libris* ; fig. dans le texte.

21 *Histoire du Beaujolais*. Manuscrits inédits des xviie et xviiie siècles : *Mémoires de Louvet*, publiés par Léon Galle et Georges Guigue. Lyon, 1903, 2 vol. in-8, ornés de portraits et reproductions d'anciennes figures.

22 *Armorial des bibliophiles de Lyonnais, Forez, Beaujolais et Dombes*, par W. Poidebard, J. Baudrier et L. Galle. Lyon, 1907, petit in-folio, contenant 760 notices, 1.000 figures, dans le texte (dont 615 reproductions d'*ex-libris* et 385 dessins de fers de reliures). 42 planches hors texte.

23 *Institution des Recteurs de l'Hôtel-Dieu de Lyon en 1583*. Lyon, 1904, pet. in-4°. Réimpression, d'après le seul exemplaire connu, de l'édition imprimée à Lyon, par Pierre Dauphin en 1594.

réimpression d'une plaquette datée de 1594, d'après le seul exemplaire connu, conservé au château de Chonas (Isère).

Au mois de février 1904, mourait M. Brölemann. M. Morin-Pons, son ami et corréligionnaire, déjà frappé par la maladie qui devait l'emporter quelques mois après, esquissa cette physionomie de grand honnête homme[24]. Pendant près d'un siècle le nom de Brölemann avait ete estimé et honoré dans le monde des affaires. Notre collègue possédait une superbe collection de manuscrits provenant de son grand-père ; il a légué les plus belles pièces au Musée de Lyon.

Que dirai-je de M. Morin-Pons, après M. de Boissieu[25], qui a été au moment de son décès notre fidèle interprète, après M. Cambefort[26], qui a déposé sur sa tombe un hommage de respectueuse affection ?

Si j'en juge par mes propres sentiments, la perte de M. Morin-Pons, se fait sentir comme au premier jour. Cet homme d'une si exquise distinction, si parfaitement aimable, d'une érudition si variée a laissé dans la haute société

24 *Arthur Brölemann (1826-1904). Esquisse biographique*, par Henry Morin-Pons. Lyon, 1904, pet. in-4°, portrait hors texte et *ex-libris* de M. Brôlemann.

25 *A la mémoire de Henry Morin-Pons, ancien président des Bibliophiles lyonnais*, par Maurice de Boissieu, s. l., 1905. Petit in-4°. Extrait du procès-verbal de la séance des Bibliophiles lyonnais du 3 avril 1905.

26 *Henry Morin-Pons, notice biographique* par Emile Cambefort. Lyon, 1908, petit in-4°, 3 pl. hors texte dont 1 portrait de M. Morin-Pons.

lyonnaise un vide qui n'a pas été comblé. Ceux qui ont vécu à l'ombre de son amitié lui garderont jusqu'à leur dernier jour la fidélité du souvenir.

Au cours de ces vingt-cinq années, nous avons perdu dix sociétaires.De plus, nous avons à enregistrer cinq démissions : MM. Bresson et Dissard se séparèrent de nous pour divergences de vues dans le mode de nos publications ; M. Nouvellet, pour cause de maladie ; MM. de Cazenove et Ramel, en raison de leur éloignement de Lyon.

Nous ne pouvons clore cette nomenclature sans rappeler combien furent vifs nos regrets de la retraite de M. de Cazenove qui, par sa haute valeur morale, son esprit de fin lettré, s'était acquis au milieu de nous une juste notoriété.

Vous avez approuvé en 1908, sur la proposition de M. d'Albon, la publication d'un ancien texte en langue vulgaire : *Traduction du livre des Juges faite pour les chevaliers du Temple entre 1160 et 1180.* Ce volume, édité sous la direction de notre érudit collègue est imprimé ; il y manque l'introduction et les notes, il vous sera livré dans quelques semaines. En attendant, vous allez recevoir comme souvenir commémoratif de nos noces d'argent une plaquette, véritable régal de bibliophile. Vous y trouverez le fac-similé et l'impression d'une lettre autographe inédite de La Fontaine à son ami Maucroix. Le précieux document sommeillait dans la riche bibliothèque du château de Terrebasse. Il avait été acquis, vers 1840, par M. Alfred de Terrebasse, avec un lot d'autographes de l'abbé d'Olivet, du Président Bouhier et de Claude Brossette, le tout provenant du cabinet de ce dernier.

M. de Terrebasse a bien voulu le tirer de ses cartons et vous en offrir la primeur. Il l'a enrichi de notes et de commentaires qui mettent singulièrement en valeur l'intérêt historique, anecdotique et littéraire de cette relique du grand siècle. La Société des Bibliophiles lyonnais est donc doublement sa débitrice puisque, en parrain généreux, il n'a point oublié de doter la pupille, qu'il avait déjà comblée dès son berceau.

La muse qui a présidé à nos travaux, austère quelquefois, grave et sévère toujours, a pourtant présenté à nos suffrages deux thuriféraires de l'amour, Alix de Thésieux et le bon La Fontaine ; l'une l'ayant mis en action et l'autre dans ses contes. Ce fut, à n'en point douter, de l'amour essentiellement profane, mais il nous arrive épuré par la double pénitence de ses victimes, atténué par les siècles. Petit à petit voilà que, pour vous, il se transforme en une très douce, très paisible passion, celle de l'amour des livres. N'en médisons pas ! Nous lui devons, les uns, de chères amitiés, d'autres, un adoucissement à bien des tristesses et tous, la satisfaction d'avoir pu, par nos travaux, honorer la petite patrie lyonnaise.

IMPRIMERIE

DE

P. GRANGE & REFOUBELET

RUE JEAN-CARRIÈS, N° 2

LYON